Vom Marstall zum Luisenplatz

1 | Marstall

Tourist Information (im Hauptbahnhof)
Mo–Sa 9.30–18.30 Uhr, So 9.30–15 Uhr
Filmmuseum Potsdam Di–So 10–18 Uhr

Der ideale Ausgangspunkt für einen Gang durch Potsdam und Sanssouci ist die Lange Brücke. Man erreicht sie in wenigen Minuten zu Fuß oder mit der Straßenbahn vom Potsdamer Hauptbahnhof aus. Rechter Hand, in der Breiten Straße 1A, befindet sich der Marstall, ein langgestrecktes Gebäude parallel zur Straße.

1685 wurde das Gebäude unter Friedrich Wilhelm von Brandenburg, dem sogenannten Großen Kurfürsten, als Orangerie des Potsdamer Stadtschlosses errichtet. Der Soldatenkönig Friedrich Wilhelm I. ließ sie später zum Pferdestall umbauen. 1746 wurde das Haus auf Veranlassung von König Friedrich II. durch Georg Wenzeslaus von Knobelsdorff, den Baumeister von Sanssouci, erweitert und verschönert und erhielt seine heutige Gestalt. Die plastische Gestaltung der Portale übernahm der Bildhauer Friedrich Christian Glume. Pferdebändiger und

Friedrich Wilhelm von Brandenburg
1620–1688. Seit 1640 Markgraf von Brandenburg, nach dem Sieg über die Schweden in der Schlacht bei Fehrbellin 1675 erhielt er den Beinamen der Große Kurfürst. Durch seine pragmatische und reformfreudige Regierungspolitik wurde der Weg für den Aufstieg Brandenburg-Preußens zur späteren Großmacht geebnet. 1685 unterzeichnete er das Edikt von Potsdam, woraufhin Tausende Protestanten aus Frankreich nach Preußen kamen (Hugenotten).

Am Neuen Markt 5

Reitergruppen weisen auf die ursprüngliche Nutzung als Pferdestall hin. Der Marstall ist das älteste erhaltene historische Gebäude der Stadt.

Seit 1981 beherbergt der Marstall das Filmmuseum Potsdam, heute ein Institut der Filmuniversität Babelsberg KONRAD WOLF. Die ständige Ausstellung »Traumfabrik. 100 Jahre Film in Babelsberg« zeigt den Vorgang der Filmentstehung von der ersten Idee bis zur Premiere anhand der wechselvollen Geschichte der Babelsberger Filmstudios. Im nachtblauen Kino laufen von Dienstag bis Sonntag ausgewählte cineastische Kostbarkeiten. Ein besonderes Erlebnis sind die Stummfilmvorführungen mit musikalischer Begleitung an der historischen Welte-Kinoorgel.

2 | Neuer Markt

Haus der Brandenburgisch-Preußischen Geschichte
Di–Do 10–17 Uhr, Fr–So 10–18 Uhr

Kabinetthaus am
Neuen Markt 1

Gleich hinter dem Marstall liegt, etwas versteckt, der Neue Markt, umrahmt von repräsentativen Bürgerhäusern, die unter Friedrich II. entstanden sind. Dieser kleine

Platz ist einer der schönsten Plätze in Potsdam und zählt zu den am besten erhaltenen Barockplätzen in Europa. In der Mitte steht das Gebäude der ehemaligen städtischen Ratswaage. Das Kabinetthaus am Neuen Markt 1 ist das Geburtshaus von König Friedrich Wilhelm III. (1770), auch Wilhelm von Humboldt wurde hier geboren (1767). Ende der 1990er Jahr wurde der Neue Markt einfühlsam restauriert. Mit einem Neubau, Am Neuen Markt 5, der in der Fassadengestaltung die charakteristischen Merkmale seines Vorgängerbaus, nämlich die eines italienischen Palazzo, aufnimmt, ist der Platz nun wieder geschlossen. In den zweistöckigen Häusern mit den Nummern 6, 7 und 8, die 1773 von **Georg Christian Unger** errichtet wurden, sind das Zentrum für Zeithistorische Forschung, das Moses-Mendelssohn-Zentrum für europäische Studien und das Einstein-Forum untergebracht, so dass der Neue Markt heute das geisteswissenschaftliche Zentrum von Potsdam bildet.

An der Westseite des Neuen Marktes, im ehemaligen Kutschstall, befindet sich das Haus der Brandenburgisch-Preußischen Geschichte. Das Gebäude wurde 1787/90 als Stall für die königlichen Kutschpferde nach Entwürfen des Hofbaumeisters Andreas Ludwig Krüger gebaut. Das Eingangsportal wird von einer Quadriga gekrönt. Für den wilden Rosslenker soll Friedrichs Leibkutscher Georg

Georg Christian Unger
1743–1799, Architekt. Unger war einer der wichtigsten Baumeister Friedrichs II. Er arbeitete eng mit seinem Lehrer Carl von Gontard zusammen. Unger entwickelte auf Wunsch von Friedrich II. einen neuen Gebäudetyp: das Bürgerpalais, ein bürgerliches Wohnhaus mit der Anmutung eines Palais. Beispiele dafür gibt es in Potsdam Am Neuen Markt. Unger entwarf und baute auch zahlreiche Gebäude in Berlin Unter den Linden, am Gendarmenmarkt und in der Leipziger Straße. 1775 wurde er neben Gontard und Heinrich Ludwig Manger dritter Baudirektor in Potsdam.

Pfund Vorbild gewesen sein. Nach dem Zweiten Weltkrieg
wurde die Anlage u. a. als Autowerkstatt und als Großhan-
delsbetrieb für Obst, Gemüse und Speisekartoffeln genutzt. Nach einer aufwendigen Restaurierung und einem
geschickt integrierten Neubau wurde 2003 das Haus der
Brandenburgisch-Preußischen Geschichte im ehemaligen
Kutschstall eröffnet. Der Schwerpunkt liegt auf den über
900 Jahren Brandenburger Landesgeschichte. Die ständige Ausstellung »Land und Leute. Geschichten aus Bran-
denburg-Preußen« wird durch Wechselausstellungen
ergänzt. Jedes Jahr an einem Adventswochenende findet
auf dem Kutschstallhof der polnische »Sternenmarkt«
statt, der sich großer Beliebtheit erfreut.

3 | Stadtkanal

Über die Siefertstraße gelangt man vom Neuen Markt
zur Yorckstraße, die am Stadtkanal entlangführt. Ab
1722 ließ Friedrich Wilhelm I. den Stadtkanal, der als Ne-
benarm der Havel angelegt worden war, vertiefen und
begradigen, so dass er zum Transport von Baumaterial
für den Ausbau der Stadt dienen konnte. 1809 forderten
Anwohner, den Kanal wegen des erbärmlichen Gestanks

zuzuschütten. Dies geschah allerdings erst fast 150 Jahre später, zwischen 1962 und 1966, vollständig. Inzwischen sind einige Teilstücke des Kanals wieder freigelegt, so etwa in der Mitte der Yorckstraße und am östlichen Ende der Straße Am Kanal bis zum Havelufer. Es ist geplant, den gesamten Kanal wieder herzustellen. Der Wiederaufbau wird zum Teil durch Spenden finanziert. Man kann z. B. einen gusseisernen Geländerpfosten »erwerben« und mit seinem Namen versehen lassen.

Paul von Hindenburg 1847–1934, Militär und Politiker. Hindenburg stieg im Ersten Weltkrieg zum Generalfeldmarschall auf und besaß als Mitglied der Obersten Heeresleitung quasi Regierungsgewalt. Obwohl erklärter Gegner der Demokratie und der Weimarer Republik, wurde er 1925 zum Reichspräsidenten gewählt. Am 30. Januar 1933 ernannte er Hitler zum Reichskanzler und ermöglichte damit den Beginn der NS-Diktatur.

4 | Glockenspiel der ehemaligen Garnisonkirche

Nagelkreuzkapelle mit Ausstellung (Breite Straße 7) Di–So 11–17 Uhr

Folgt man der Yorckstraße am Stadtkanal entlang bis zur Dortustraße, so findet man dort an der Ecke einen Nachbau des historischen Glockenspiels der Potsdamer Garnisonkirche. Zu jeder vollen Stunde erklingt die Melodie »Lobe den Herren« und zu jeder halben Stunde »Üb' immer Treu und Redlichkeit«.

Die Garnisonkirche zu Potsdam, Gemälde von Carl Hasenpflug, 1827

Zu den verlorenen Gebäuden Potsdams zählt seit Jahrzehnten die barocke Hof- und Garnisonkirche. Sie war 1730/35 für die Angehörigen des Hofstaats und der Garnison errichtet worden, wurde aber auch von der Zivilbevölkerung genutzt. Sowohl Friedrich Wilhelm I. als auch sein Sohn Friedrich II. fanden hier ihre letzte Ruhe – letzterer gegen seinen erklärten Willen, wollte der »Alte Fritz« doch in Sanssouci begraben werden. Die Kirche erhielt ihr einprägsames Erscheinungsbild vor allem durch den mehr als 88 Meter hohen Turm, der in die Breite Straße hineinragte. Im Inneren der Kirche befand sich ursprünglich eine große Orgel mit 25 Registern auf drei Manualen und Pedal. Als **Johann Sebastian Bach** 1747 Potsdam besuchte, spielte er auch auf dieser Orgel und war sehr angetan von ihrem »gar prächtigen Werck«.

Nach dem Ende der Monarchie 1918 wurde die Garnisonkirche zu einem zentralen Ort der konservativen und nationalistischen Preußenverehrung. Als die Nationalsozialisten 1933 mit dem Brand des Berliner Reichstagsgebäudes und den folgenden Notstandsgesetzen zur terroristischen Diktatur übergingen, wählten sie bewusst die Potsdamer Garnisonkirche aus, um am 21. März 1933 den Festakt zur konstituierenden Sitzung des Reichstags zu begehen. Beim »Tag von Potsdam« wurde der Handschlag Adolf Hitlers mit Reichspräsident **Paul von Hindenburg** als Symbol der Versöhnung des nationalkonservativen, evangelischen Preußen mit der Partei der NS-Regierung inszeniert.

Beim Luftangriff auf Potsdam am 14. April 1945 brannte das Innere des Kirchenschiffs und des Turms aus. Im kreuzförmigen Turmraum wurde 1950 die Heilig-Kreuz-Kapelle eingerichtet, in welcher noch bis 1968 Gottesdienste und Gemeindeleben stattfanden. Nachdem bereits Wiederaufbauarbeiten begonnen hatten, wurde die Ruine auf Beschluss der SED 1968 als Symbol der Errichtung der NS-Diktatur gesprengt. Auf ihrem Areal entstand bis 1971 ein Rechenzentrum.

2005, zum 60. Jahrestag des Bombenangriffs, wurde ein Torbogen der Garnisonkirche errichtet. 2013 als national bedeutendes Kulturdenkmal eingestuft, wird der Turm der Garnisonkirche, obwohl darüber kontrovers diskutiert wird, seit 2017 wieder errichtet.

Johann Sebastian Bach
1685–1750. Komponist sowie Klavier- und Orgelvirtuose. Der aus Eisenach stammende Bach wirkte seit 1723 als Thomaskantor in Leipzig. Im Mai 1747 besuchte er auf Einladung Friedrichs des Großen, in dessen Hofkapelle sein Sohn Carl Philipp Emanuel Bach als Cembalist angestellt war, Potsdam und Berlin und improvisierte auf den dortigen Pianoforti und Orgeln. Er versprach, ein ihm vom König vorgegebenes Thema in einer Fuge auszuführen. Aus diesem Versprechen ging das »Musikalische Opfer« hervor, eine Sammlung von zwei Fugen (drei- und sechsstimmig), zehn Kanons und einer Triosonate, alle über das gleiche Thema. Eine Bezahlung für diese Komposition erhielt Bach vom König nicht.

5 | Ehemaliges Militärwaisenhaus

Geht man die Dortustraße in Richtung Breite Straße und folgt dann der Breiten Straße ein Stück bis zur Linden-straße, so gelangt man zum ehemaligen Militärwaisen-haus. Friedrich Wilhelm I., bekannt als »Soldatenkönig«, gründete 1724 eine Stiftung, die den Bau ermöglichte. Soldatenkinder und Militärwaisen sollten hier nach dem Vorbild der Franckeschen Stiftungen in Halle le-sen, schreiben, rechnen und einen Beruf lernen sowie im Christentum unterrichtet werden. 1771 baute **Carl von Gontard** im Auftrag von Friedrich II. das Haus vollstän-dig um und erweiterte es zu einem Gebäudekomplex. Er entwarf das Haupttreppenhaus sowie den Monopteros-Turm mit acht Säulen, Attika, Kuppeldach und der Cari-tas-Statue, die als Zeichen für christliche Nächstenliebe und Barmherzigkeit gilt. Der Monopteros-Turm wurde im Zweiten Weltkrieg zerstört. Nach umfangreichen Sanierungen des gesamten Gebäudekomplexes wurde der Turm rekonstruiert und 2004 wieder aufgesetzt. Das Bauwerk ist mit zahlreichen Säulen, Kapitellen, Vasen und Putten geschmückt. Die Anlage gehört der Stiftung »Großes Waisenhaus zu Potsdam«, die 1992 wiederbe-lebt wurde. Heute sind hier verschiedene Ministerien des Landes Brandenburg untergebracht.

Carl von Gontard
1731–1791, Architekt. Gontard stammte aus einer hugenottischen Familie. In Paris und Ita-lien erhielt der Architekt erste Anregungen für seine spätere Tätigkeit. In Bayreuth machte er sich als Hofbaumeister der Markgräfin Wilhelmi-ne von Bayreuth, der Lieblingsschwester von Friedrich II., einen Namen. 1764 trat er in den Dienst von Friedrich II. und wirkte maßgeblich an der Gestal-tung des Neuen Palais mit, einem seiner Hauptwerke in Potsdam. In Berlin be-gegnet man Gontard auf dem Gendarmenmarkt, wo er die Säulenvorhallen und Türme des Deutschen und Französischen Domes gestaltete.

6 | Hiller-Brandtsche Häuser

Gegenüber dem Großen Waisenhaus und in Korrespon-denz mit diesem ließ Friedrich II. 1769 auf eigene Kosten zwei Gebäude an der Breiten Straße (heute Nr. 8–12) er-richten. Der Entwurf für die einheitliche Fassade stammt von Georg Christian Unger, der sich auf Geheiß des Kö-nigs eng an die Planungen des berühmten englischen Architekten Inigo Jones für Whitehall Palace in London anlehnen musste, der seinerseits stark von dem italieni-schen Renaissance-Architekten Andrea Palladio beein-flusst war. In den viergeschossigen Häuserteilen wohn-ten jeweils die Besitzer mit ihren Familien – zunächst der Kaufmann Johann Friedrich Hiller und der Schneider-meister Johann Gebhardt Brandt, nach denen die Häuser benannt wurden –, während der dreigeschossige Mittel-

Hiller-Brandtsche Häuser

bau für die einquartierten Soldaten bestimmt war. Das Haus muss sowohl den Bauherrn Friedrich II. als auch die Potsdamer Bürger so beeindruckt haben, dass Unger danach noch weitere 300 Wohnhäuser sowie zahlreiche öffentliche Bauten in Potsdam errichten durfte, von denen viele dem neuen, von ihm hier erstmals verwirklichten Bautyp des Bürgerpalais entsprachen, einem bürgerlichen Wohnhaus mit der Anmutung eines Adelspalais.

7 | Ständehaus

Naturkundemuseum Di–So 9–17 Uhr,
1. Mo im Monat 9–17 Uhr

Im Auftrag der Landstände schuf Georg Christian Unger 1770 in der Breiten Straße das Ständehaus. Hier befanden sich die Tagungsräume der Landstände sowie die Wohnung des Kreissteuereinnehmers. Nach der Verlegung der Landstände an andere Orte diente das Gebäude ab 1815 als Wohnhaus und ab 1956 als Museum. Mit seiner ruhigen Pilastergliederung verweist das Gebäude bereits auf den späteren klassizistischen Baustil. Heute beherbergt das Ständehaus das Potsdamer Naturkun-

demuseum. Es verfügt über zoologische Sammlungen von über 350 000 Objekten zur Naturausstattung des Landes Brandenburg. Sie bilden die Grundlage der naturwissenschaftlichen Forschung zur Veränderung der Biodiversität in Brandenburg. Das Museum besitzt ein Schauaquarium mit 50-jähriger Tradition, das ständig über 40 heimische Fischarten zeigt. Die Dauerausstellung »Tierwelt Brandenburgs« gibt einen Einblick in die Artenvielfalt des Landes.

Ständehaus

8 | Brandenburger Tor

Über die Lindenstraße geht es in nördlicher Richtung weiter bis zur Brandenburger Straße, einer beliebten Einkaufs- und Flaniermeile. Am westlichen Ende steht das »kleine« Brandenburger Tor, das man nicht mit dem gleichnamigen Wahrzeichen Berlins verwechseln darf. In der Gegenrichtung verläuft die Brandenburger Straße bis zur Kirche St. Peter und Paul.

Ursprünglich stand an dieser Stelle eine Art Burgtor. Hier mussten die Waren, die man in die Stadt einführen wollte, verzollt werden. Gegen Ende des Siebenjährigen Krieges (1756–1763) entstand die Idee, hier als Zeichen

Peter Joseph Lenné

1789–1866. Lenné zählt zu den bedeutendsten Gartenkünstlern und Landschaftsarchitekten des deutschen Klassizismus. Seit 1816 in preußischen Diensten, gehörten die Neu- bzw. Umgestaltung des Neuen Gartens, von Neuhardenberg und der Parkanlage um Schloss Glienicke zu seinen ersten Aufgaben. Zentral war Zeit seines Lebens die Pflege und Erweiterung von Park Sanssouci. Unter der Leitung von Peter Joseph Lenné wurde die »Insel Potsdam« zu einem großen zusammenhängenden Landschaftsgarten gestaltet. Seit 1990 gehören die Potsdamer Parklandschaften zum Weltkulturerbe und stehen somit unter dem Schutz der UNESCO.

des Sieges eine Art Triumphbogen nach dem Vorbild des Konstantinsbogens in Rom zu errichten. Den Auftrag erteilte Friedrich II. zwei Baumeistern: Carl von Gontard gestaltete die Stadtseite des Tores als Putzfassade mit korinthisierenden Lisenen und Trophäen, sein Schüler Georg Christian Unger übernahm die Feld- oder Landseite mit korinthischen Doppelsäulen. Auf der Attika thronen Herkules und Mars. 1770 wurde das Tor fertiggestellt. Die beiden seitlichen Durchgänge für Fußgänger wurden erst 1843 unter Friedrich Wilhelm IV. geschaffen.

Der Luisenplatz wurde 1744 unter Friedrich II. angelegt und befand sich ursprünglich außerhalb der Stadtmauer. 1854 wurde der Platz unter Peter Joseph Lenné gärtnerisch gestaltet und mit einer Fontäne versehen. 1939 wurde der Platz gepflastert, wobei man die Bäume der Gartenanlage bis auf einige Säuleneichen beseitigte, um einen Parkplatz zu schaffen. Jahrelang wurden hier der Potsdamer Weihnachtsmarkt und zahlreiche Volksfeste gefeiert. Für die Neugestaltung des Luisenplatzes 1999/2000 wurden Lindenreihen gepflanzt, bei denen es sich um eine besondere nichttropfende Baumsorte handelt. Außerdem wurde in der Mitte des Platzes ein Springbrunnen angelegt, wie er bereits in der Gartenanlage von Peter Joseph Lenné ab 1855 vorhanden gewesen war.

Sanssouci

9 | Der Park/Große Fontäne

Park Sanssouci 8 Uhr bis Einbruch der Dunkelheit

Vom Luisenplatz über die Schopenhauerstraße gelangt man durch das Obeliskportal mit den Statuen der Göttinnen Flora und Pomona in den Park Sanssouci. Der Obelisk, 1748 von Georg Wenzeslaus von Knobelsdorff errichtet, wurde auf Wunsch von Friedrich II. mit rein dekorativen Hieroglyphen versehen. Vom Obeliskportal führt die zwei Kilometer lange Hauptallee bis hin zum Neuen Palais, das die westliche Begrenzung des Parks bildet. Über das Rondell mit der Kleinen Fontäne gelangt man zum französischen Rondell mit der Großen Fontäne, das unterhalb der Terrassen von Schloss Sanssouci liegt, also das Schlossparterre bildet. Bei voller Kraft erreicht die Fontäne eine Höhe von 38 Metern. Zu Lebzeiten von Friedrich II. konnten die Wasserspiele trotz großer Bemühungen nicht in Gang gesetzt werden, nur einmal, am Pfingstsonntag 1754, soll die Große Fontäne gesprudelt haben. Richtig in Betrieb genommen wurden die Wasserspiele erst 1842 nach dem Bau des Pumpwerks in der Moschee.

Georg Wenzeslaus von Knobelsdorff
1699–1753, Architekt. 1742 wurde Knobelsdorff von Friedrich II. zum Oberintendanten aller königlichen Bauten und Gärten ernannt. Er erweiterte das Schloss Charlottenburg in Berlin und gestaltete das Potsdamer Stadtschloss nach Plänen Friedrichs neu. Berühmt ist Knobelsdorff vor allem als Architekt und Innenausstatter von Schloss Sanssouci (Bauzeit 1745/47) im Rokokostil. Auch weite Teile des Parks von Sanssouci wurden nach seinen Ideen gestaltet.

Das französische Rondell ist von Marmorstatuen umsäumt, von denen der König einige 1750 vom französischen König Ludwig XV. als Geschenk erhielt. Dargestellt sind die acht olympischen Gottheiten Venus, Merkur, Apollo, Diana, Juno, Jupiter, Mars und Minerva im Wechsel mit den vier Elementen Wasser, Feuer, Erde und Luft.

Zweimal im Jahr – im Frühjahr und im Sommer – wechselt die Bepflanzung des Rondells, natürlich nach historischem Vorbild. Die Samen werden eigens dafür in der Gärtnerei von Sanssouci gezogen.

10 | Schloss Sanssouci

Apr.–Okt.: Di–So 10–17.30 Uhr;
Nov.–März: Di–So 10–16.30 Uhr

1744 bestimmte Friedrich II. den »wüsten Berg« zum Bauplatz für sein Sommerschloss. Der Berg wurde terrassiert, es wurde Wein angebaut, und in den benachbarten Heckenquartieren wurden Obstbäume gepflanzt. 1745 begann der Bau des Schlosses, das nach nur zwei Jahren Bauzeit fertiggestellt wurde.

Links: Marmorstatue der Göttin Diana
Unten: Mittelbau des Schlosses Sanssouci

Über eine Freitreppe gelangt man vom französischen Rondell hinauf zum Schloss Sanssouci.

Das Schloss ist kein prachtvoller Repräsentationsbau, sondern eine für damalige Verhältnisse eher kleine Sommerresidenz im Stil der »Maison de plaisance« des Rokoko. In ländlicher Zurückgezogenheit wollte Friedrich II. hier einen zwar angemessenen, aber eher unzeremoniellen Lebensstil führen und fern von den Regierungsgeschaften seinen privaten Neigungen nachgehen: musizieren, schreiben und philosophieren.

Vom Ehrenhof kommt man in das Vestibül und von dort in den prächtigen Marmorsaal, den eine Rundkuppel nach dem Vorbild des römischen Pantheons überspannt. Im östlichen Flügel liegen die Privaträume von Friedrich II. Sie sind durchweg mit kostbaren Möbeln, Gemälden und Skulpturen ausgestattet. Besonders hervorzuheben ist die Raumdekoration mit geschnitzten und bemalten Blüten und Früchten, Tieren, Musikinstrumenten und verschlungenen Rocaillen (muschelförmigen Elementen in Verbindung mit Blatt- und Rankendekorationen), die dem Rokoko seinen Namen gaben.

Eine lange Galerie führt in das Empfangszimmer, das Konzertzimmer, ein Meisterwerk des friderizianischen Rokoko, und in das Arbeits- und Schlafzimmer des Königs. Dieses ist mit Schreibtisch und Sterbesessel

Rechts: Marmorsaal,
Unten: Audienz- und
Speisezimmer

Voltaire (eigentlich François Marie Arouet) 1694–1778, Hauptvertreter der französischen Aufklärung. Ab 1750 war der Philosoph auf Einladung von Friedrich II. für etwa drei Jahre zu Gast in Sanssouci. Er erhielt ein stattliches Gehalt, freie Kost und Logis und wurde zum Kammerherrn ernannt. Schnell wurde Voltaire mit seinem satirisch wachen Geist zum Mittelpunkt der Tafelrunden des Königs. Er unterrichtete Friedrich II. in Rhetorik, Stil und Poetik. Nach einigen Unstimmigkeiten mit dem König reiste Voltaire 1753 unter dem Vorwand, Urlaub zu nehmen, aus Sanssouci ab, kehrte jedoch nicht zurück. Einige Zeit später nahmen Friedrich II. und Voltaire ihre Korrespondenz wieder auf.

von Friedrich II. so eingerichtet, wie es sein Nachfolger **Friedrich Wilhelm II.** umgestalten ließ. Nur bei Sonderführungen zugänglich ist die Bibliothek, die 2288 Bände umfasst, vor allem Werke griechischer und römischer Autoren wie Homer, Platon und Cicero, allerdings alle in französischer Übersetzung. Im westlichen Flügel schließen sich hintereinander gestaffelt die Gästezimmer an. Das vierte – recht exotisch ausgestattet – ist das sogenannte **Voltaire**-Zimmer. Hier soll der französische Philosoph während seiner Aufenthalte in Sanssouci gewohnt haben.

Auf Wunsch von Friedrich Wilhelm IV. wurden in der Mitte des 19. Jahrhunderts einige Umbauten am Schloss vorgenommen, u. a. wurden die Seitentrakte erweitert. Die im Originalzustand erhaltene Schlossküche mit Kochmaschine, Küchengeräten und Geschirr, die im Ostflügel liegt, kann nach einer umfangreichen Restaurierung seit 1994 besichtigt werden.

Schloss Sanssouci, Kleine Galerie

11 | Bildergalerie

Mai–Okt.: Di–So 10–17.30 Uhr

Östlich von Schloss Sanssouci wurde 1755 nach Plänen von Johann Gottfried Büring die Bildergalerie gebaut. Hier sollte die private Gemäldesammlung von Friedrich II. präsentiert und einer breiten Öffentlichkeit zugänglich gemacht werden. Insofern gilt die Bildergalerie als einer der ältesten Museumsbauten in Deutschland. Das lang gestreckte Gebäude ist in der Mitte durch eine Kuppel mit Laterne und Adler akzentuiert. An der Fassade zum Garten finden sich zahlreiche Marmorfiguren, die die Künste und die Wissenschaften verkörpern. Porträts berühmter Künstler sind als Schlusssteinköpfe über den Fenstertüren angebracht. Im Inneren der Bildergalerie findet sich einer der schönsten Säle des friderizianischen Rokoko. Fußboden und Wände sind aus Marmor in verschiedenen Farben gestaltet; vergoldete Bronzen, Schnitzereien und Stuckaturen vereinigen sich mit den Gemälden, die, wie im Barock üblich, dicht an dicht in zwei Reihen gehängt sind, zu einem dekorativen Gesamtkunstwerk. Im Westflügel finden sich vor allem Werke italienischer Meister, im Ostflügel hängen die Gemälde holländischer und flandrischer Maler.

Friedrich Wilhelm II. 1744–1797, seit 1786 König von Preußen. Da Friedrich II. kinderlos war, wurde sein Neffe Friedrich Wilhelm II. sein Nachfolger auf dem Thron. Im Volksmund »der dicke Lüderjahn« genannt, verlegte er die Residenz von Potsdam nach Berlin zurück. Während seiner Regierung herrschten Korruption und Günstlingswirtschaft. Sein Religionsedikt und das Zensuredikt von 1788 richteten sich gegen den Geist der Aufklärung. Der König hatte zahlreiche Mätressen, die bekannteste war Wilhelmine Encke, die spätere Gräfin Lichtenau. Der König hinterließ seinem Nachfolger einen Schuldenberg von 50 Millionen Talern.

Friedrich II.

1712–1786, seit 1740 König von Preußen, auch Friedrich der Große oder der Alte Fritz genannt. Friedrich II. gilt als Repräsentant des aufgeklärten Absolutismus, er bezeichnete sich selbst als »ersten Diener des Staates«. Der König war kunstinteressiert in jeglicher Hinsicht, er musizierte, komponierte und philosophierte. Nach seinem Regierungsantritt 1740 veranlasste er einige populäre Reformen, z. B. die Abschaffung der Folter und die Einführung der (relativen) Pressefreiheit. Durch ihn wurde die Kartoffel als Nahrungsmittel eingeführt. Die intellektuelle Weltoffenheit des jungen Königs wich in späteren Jahren zunehmend einem verbitterten Zynismus. Durch die von ihm ausgelösten Kriege, vor allem den Siebenjährigen Krieg 1756–1763, wurde Preußen zur Großmacht innerhalb von Europa.

12 | Grabstätte von Friedrich II.

In seinem Testament hatte Friedrich II. die Modalitäten seines Begräbnisses verfügt. Er wollte ohne großen Pomp und Staatszeremonie und im Schein einer Laterne zusammen mit seinen Hunden auf der östlichen Seite der Terrasse, etwas unterhalb des Schlosses nahe der Bildergalerie, begraben werden. Schon zu seinen Lebzeiten wurde die Gruft ausgehoben. Sein Nachfolger Friedrich Wilhelm II. befolgte jedoch den letzten Willen Friedrichs nicht und ließ ihn in der Gruft der Garnisonkirche neben seinem ungeliebten Vater beisetzen. Um sie vor den Auswirkungen der alliierten Bombenangriffe zu schützen, brachte man die Sarkophage der Preußenkönige 1944 nach Marburg. 1952 wurden sie auf die Hohenzollernburg Hechingen transportiert. Erst 1991 wurde der letzte Wille Friedrichs erfüllt: Mehr als 200 Jahre nach seinem Tod wurde er in Sanssouci neben seinen Hunden beerdigt. Die Grabstatue Flora – die Blumengöttin mit Zephyr, dem Gott des milden Südwestwindes – hatte er selbst ausgewählt.

13 | Historische Mühle

Apr.–Okt.: tägl. 10–18 Uhr;
Nov., Jan.–März: Sa/So 10–16 Uhr

Unweit des Schlosses, gleich hinter den Neuen Kammern, die gegenüber der Bildergalerie liegen, steht am Beginn der Maulbeerallee die Windmühle von Sanssouci. Um die historische Mühle, die zu Zeiten von Friedrich II. eine

Flora mit Zephyr

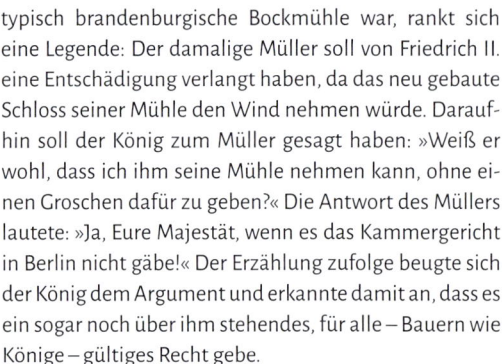

typisch brandenburgische Bockmühle war, rankt sich eine Legende: Der damalige Müller soll von Friedrich II. eine Entschädigung verlangt haben, da das neu gebaute Schloss seiner Mühle den Wind nehmen würde. Daraufhin soll der König zum Müller gesagt haben: »Weiß er wohl, dass ich ihm seine Mühle nehmen kann, ohne einen Groschen dafür zu geben?« Die Antwort des Müllers lautete: »Ja, Eure Majestät, wenn es das Kammergericht in Berlin nicht gäbe!« Der Erzählung zufolge beugte sich der König dem Argument und erkannte damit an, dass es ein sogar noch über ihm stehendes, für alle – Bauern wie Könige – gültiges Recht gebe.

1790 wurde die Bockwindmühle durch eine Holländermühle ersetzt. Friedrich Wilhelm IV. erwarb sie und ließ das angrenzende Müllerhaus zu einem Gästehaus umbauen. Da das Haus reich mit Schnitzereien verziert war, wurde es Schweizerhaus genannt. 1859 wurde in der Mühle der Mahlbetrieb eingestellt. 1945 brannten Mühle und Schweizerhaus in den letzten Kriegstagen aus. Seit 1993 drehen sich die Flügel des 25 Meter hohen Galerieholländers wieder, und eine Dauerausstellung informiert über Technik und Geschichte der Mühle.

14 | Orangerieschloss

Apr.: Sa/So 10–17.30 Uhr; Mai–Okt.: Di–So 10–17.30 Uhr

Oberhalb der Maulbeerallee, unweit der historischen Mühle, steht auf einer Terrassenanlage als nördlicher Abschluss des Parks das Orangerieschloss. Es ist das einzige verwirklichte Bauwerk eines gigantischen Triumphstraßenprojektes von Friedrich Wilhelm IV. Als Vorbild dienten italienische Renaissancevillen, die der Hobbyarchitekt auf seiner Italienreise 1828 gesehen hatte. Mit seinen Rundbögen erinnert das 300 Meter lange Gebäude an die florentinischen Uffizien. Das ganze Bauwerk ist Ausdruck einer starken Italiensehnsucht, die der deutschen Romantik immanent war. Die Ausführung zwischen 1851 und 1864 übernahmen Friedrich August Stüler und Ludwig Ferdinand Hesse. Die Marmorstatuen in den Pfeilernischen stellen Allegorien auf die Jahreszeiten, die Monate sowie die Künste, die Wissenschaft und die Industrie dar.

Denkmal Friedrich Wilhelm IV.

Im Mittelbau befindet sich der Raffaelsaal. An den rotseiden bespannten Wänden hängen 50 Gemäldekopien nach Raffael, sämtlich Werke der deutschen Malerkolonie in Rom. Friedrich Wilhelm IV. verehrte den italienischen Renaissancemaler. Er hatte den festlich strahlenden Raum nach dem Vorbild der Sala Regia im Vatikan konzipiert. Mildes Tageslicht strömt durch die Obergaden und taucht den Raum in ein halbdiffuses gleichmäßiges Licht.

Rechts und links vom Raffaelsaal liegen die Gästezimmer, geteilt in einen Herren- und einen Damenflügel. Die Räume wurden nach ihrer Möblierung und Ausstattung Elfenbeinzimmer, Lapislazulizimmer, Grünes Schlafzimmer oder Malachitzimmer genannt. Bei der Innenausstattung mischen sich verschiedene Stile, wie z. B. friderizianisches Rokoko mit einem klassizistisch-romantischen Stil. Zarin Alexandra Fjodorowna, die Schwester des Königs, logierte 1859 im Malachitzimmer. Friedrich Wilhelm IV. konnte die Vollendung des Schlosses nicht mehr wahrnehmen, da er nach 1858 durch mehrere Schlaganfälle geschwächt war und wohl auch die Kontrolle über seine Geisteskräfte verloren hatte. Bis heute werden die empfindlichen Palmengewächse des Parks über den Winter im linken Seitenflügel des Schlosses eingelagert.

Friedrich August Stüler
1800–1865, Architekt. Stüler war Schüler von Karl Friedrich Schinkel, ab 1831 Hofbaurat und Direktor der Schlossbaukommission. Nach der Bekanntschaft mit Friedrich Wilhelm IV. wurde Stüler Bauberater des preußischen Königs, ab 1842 führte er den Titel Architekt des Königs. Stüler baute in Berlin zahlreiche Wohn- und Geschäftshäuser, darunter das Neue Museum auf der Museumsinsel, das er als sein bedeutendstes Bauwerk ansah. Seine wichtigsten Bauten in Potsdam sind die Friedenskirche, das Belvedere auf dem Pfingstberg und das Orangerieschloss.

15 | Neues Palais

Apr.–Okt.: Mi–Mo 10–17.30 Uhr;
Nov.–März: Mi–Mo 10–16.30 Uhr

Am Ende der Hauptallee erblickt man das Neue Palais. Dieser letzte große Bau, den Friedrich II. selbst als eine kostspielige »fanfaronnade« (Prahlerei) bezeichnet hat, bildet den westlichen Abschluss der Parkanlage. Obwohl die Kassen Preußens nach dem Siebenjährigen Krieg leer waren, sollten hier mit Hilfe eines repräsentativen Bauwerks Macht und Stärke demonstriert werden. Das Schloss war für Mitglieder der königlichen Familie und als Herberge für fürstliche Gäste gedacht. Baumeister und ausführende Architekten waren Johann Gottfried Büring und Carl von Gontard, aber wie so oft hatte Friedrich II. sehr detaillierte Ideen und gab seinen Architekten vor, wie das Schloss aussehen sollte. Innerhalb von sieben Jahren, von 1763 bis 1769, wurde das 250 Meter lange Neue Palais mit seinen drei Etagen und über 300 Zimmern gebaut. In der Mitte des Gebäudes gibt es eine Kuppel, auf deren Laterne drei Grazien die Preußenkrone tragen. Für den Fassadenschmuck des Schlosses wurden über 400 Sandsteinskulpturen geschaffen, die vornehmlich der Glorifizierung Preußens dienten.

Johann Gottfried Büring
1723–1788, Architekt. Büring war Hofbaumeister unter Friedrich II. Das Chinesische Haus und die Bildergalerie im Park Sanssouci sind neben dem Nauener Tor wichtige Potsdamer Bauten des Architekten. Außerdem gehen auf ihn mehrere Entwürfe für Wohnhäuser zurück, die auf Wunsch des Königs mit einer repräsentativen Palastfassade nach historischem Vorbild versehen sein sollten. Im Volksmund wurden diese Fassaden »Vorhemdchen« genannt. Ein Beispiel dafür ist das Haus am Neuen Markt 5, das nach dem Vorbild des Palazzo Thiene in Vicenza errichtet wurde.

Der rote Fassadenanstrich mit weißen Ziegelfugen ersetzte echte Verblendziegel, die Friedrich II. zu teuer waren. Dafür war man bei der Innenausstattung keineswegs sparsam. Die Wände sind mit Silberbrokat und eigens für das Neue Palais gewebter Damasttapete bespannt. Spiegel, Konsolen, Kristallleuchter, für das Schloss angefertigte Möbel, Porzellan, Vasen, Uhren sowie viele Wand- und Deckengemälde, die zur Ausstattung erworben bzw. bestellt wurden, sind zu sehen.

Die Räume der Königsfamilie sind weitgehend original erhalten und als Beispiel für spätes friderizianisches Rokoko künstlerisch besonders wertvoll. Die anderen fürstlichen Quartiere wurden in späteren Jahren teils umgestaltet und modernisiert. Kaiser Wilhelm II. ließ eine Heizung und einen Fahrstuhl einbauen. Unter dem Marmorsaal, der mit seinem prächtigen Fußboden und den Wand- und Deckengemälden vor allem zu Repräsentationszwecken genutzt wurde, liegt der Grottensaal. Von hier gehen die Fenstertüren in den Garten. Die Wände und Böden dieses prachtvollen Saales sind mit ornamentalen Muscheln, Marmor und Glasschlacke verziert. In der Kaiserzeit wurden diese Schmuckelemente durch Halbedelsteine, Fossilien und Mineralien ergänzt. Ein kleines Rokokotheater befindet sich im linken Seitenflügel.

Neues Palais, Obere Galerie

16 | Chinesisches Haus

Mai–Okt.: Di–So 10–17.30 Uhr

Etwa von der Mitte der Hauptallee von Sanssouci zwischen Neuem Palais und Obeliskportal gelangt man in südlicher Richtung zum Chinesischen Haus. Es ist Sinnbild der Chinamode, die im 18. Jahrhundert in ganz Europa herrschte. Schon von weitem schimmert das Teehaus grünlich und golden. 1754 begann Johann Gottfried Büring mit dem Bau des Tempelchens, in dem Friedrich II. seine ostasiatische Porzellansammlung unterbringen wollte.

Der kleeblattförmige Pavillon ist prachtvoll ausgestattet, unter einem von Palmen gestützten Zeltdach lagern in sechs Dreiergruppen vergoldete chinesische Sandsteinfiguren, die Tee bzw. Kaffee trinken und Früchte essen, dazwischen stehen zwölf Musikantinnen und Musikanten. Auf der Laternenkuppel des geschweiften Daches sitzt ein Mandarin. Für die phantasievolle Skulptureninszenierung sind Johann Peter Benkert und Joachim Matthias Heymüller verantwortlich. Alle 30 bis 40 Jahre muss die Goldschicht der Figuren erneuert werden. Dafür wird Gold von zwei Kilogramm Reingewicht in einer hauchdünnen Schicht aufgetragen.

Figuren am Chinesischen Haus

17 | Friedenskirche am Grünen Gitter

Apr.–Okt. täglich geöffnet

Über den Ökonomieweg gelangt man durch den Marly-garten zur Friedenskirche. Sie entstand nach einem Entwurf von Ludwig Persius in enger Zusammenarbeit mit Friedrich Wilhelm IV. Nach dem Tod von Persius wurde der Bau von Ferdinand von Arnim, **Ludwig Ferdinand Hesse** und August Stüler gemeinschaftlich weitergeführt. Die Innenausstattung der Kirche ist sehr kostbar. Schon 1836 hatte der König das Apsismosaik der abrissreifen Kirche San Cipriano auf der Insel Murano bei Venedig ersteigert. Es sollte den Innenraum der Kirche schmücken, was bedeutete, dass sich die Dimensionen der gesamten Kirche nach dem Mosaik richten mussten. Der Gang im linken Seitenschiff führt zu einer Gruft unterhalb des Chorraumes. 1850 wurde der Glockenturm fertiggestellt. Auf der Westseite ist der Kugelfang von Friedrich Wilhelm I. in eine marmorne Brunnenstaffage einbezogen und erinnert so an die Schießübungen, die der Soldatenkönig gern im Marlygarten abhielt.

Peter Josef Lenné schuf auf Wunsch des Königs einen Teich, indem sich die Friedenskirche spiegelt. Außerdem vereinigte Lenné den Marly- und den Friedensgarten zu einem englischen Blumengarten.

Ludwig Ferdinand Hesse
1795–1876, Architekt. Hesse war vor allem als Baumeister, Hofarchitekt und Maler in Potsdam tätig. 1844 wurde er von Friedrich Wilhelm IV. nach Potsdam geholt. Er erhielt Aufträge im privaten Villenbau und fertigte Pläne und Skizzen zur Verschönerung der Residenzstadt und von Sanssouci an, zu deren Umsetzung jedoch oftmals die finanziellen Mittel fehlten. Hesse war an vielen Umbauten bzw. Erweiterungen beteiligt, so z. B. am Schloss Charlottenburg in Berlin, am Marmorpalais und der Neuen Meierei im Neuen Garten in Potsdam sowie den Neuen Kammern und der Friedenskirche in Sanssouci.

Vom Jägertor zum Alten Markt

18 | Jägertor

Museumshaus »Im Güldenen Arm«
Mi–So 12–18 Uhr (Hermann-Elflein-Straße 3)

Eingang zum Museum
»Im Güldenen Arm«

Das Jägertor ist das älteste und am besten erhaltene der drei Potsdamer Stadttore. 1733 wurde es auf Befehl von Friedrich Wilhelm I. errichtet. Durch das Jägertor gelangte man damals zum kurfürstlichen Jägerhof, der vor der Stadt lag, daher der Name. Ursprünglich war das Tor Teil der Potsdamer Stadtmauer. Skulpturen einer jagenden Hundemeute, die einen Hirsch stellt, sowie vergoldeter Trophäenschmuck sind über dem Gesims des spitzen Torbogens angebracht. Kaiser Wilhelm I. ließ 1869 zu beiden Torseiten eine Fußgängeröffnung durchbrechen. 1907 wurden die Mauerflügel weggebrochen, seitdem steht das Tor frei. Heute ist das Jägertor Teil der Promenade, die den Verlauf der einstigen Stadtmauer nachzeichnet. Das Haus »Im Güldenen Arm« wurde in den 1990er Jahren originalgetreu als Museumshaus rekonstruiert. Monatlich wechselnde Ausstellungen, Lesungen und Konzerte im Haus und im Hofgarten bestimmen das Programm.

19 | Nauener Tor

Folgt man der Hegelallee weiter in östlicher Richtung, kommt man zum Nauener Tor, das an der Kreuzung zur Friedrich-Ebert-Straße steht. Friedrich II. hatte sich durch einen Kupferstich zu diesem Bau in neogotischer Bauweise, die in England gerade erst aufgekommen war, inspirieren lassen. Als konkretes Vorbild diente das schottische Schloss Invary Castle, dessen Baumeister Robert Morris war. Der König lieferte dem Architekten Johann Gottfried Büring eine Skizze als Vorlage für die Toranlage und erteilte 1754 den Auftrag zum Bau. Mit seinen Burgzinnen, den zwei gotisierenden Türmen und den Torhäusern mit Bogenlaube erinnert die Anlage an eine mittelalterliche Burg. Noch kurz vor seinem Tod brachte der Bildhauer Benjamin Giese (1705–1755) die Löwenköpfe an den Arkadenpfeilern auf der Stadtseite an. 1868 veranlasste Wilhelm I. einen Umbau des Stadttores. Die barocken Torflügel zwischen den beiden Rundtürmen kamen ins Museum. Stattdessen entstand eine spitzbogige Durchfahrt, und die beiden Türme sowie die Torhäuschen rechts und links bekamen Zinnenkränze. Am Platz vor dem Nauener Tor laden zahlreiche Cafés und Restaurants zum Verweilen ein.

20 | Holländisches Viertel

Museum Jan Bouman Haus (Mittelstraße 8)
Mo–Fr 13–18 Uhr, Sa/So 11–18 Uhr

Direkt vom Nauener Tor aus kann man ins Holländische Viertel eintauchen. Entstanden sind die 134 Häuser aus massivem Klinkerstein zwischen 1737 und 1742. Außerhalb der Niederlande ist das Potsdamer Holländische Viertel das einzige geschlossene Stadtviertel in dieser typisch holländischen Bauweise in Europa. Die vier Karrees, die das Viertel bilden, liegen zwischen Kurfürsten- und Gutenbergstraße sowie zwischen Hebbel- und Friedrich-Ebert-Straße. Die Benkert- und die Mittelstraße durchziehen die Backsteingeviere.

Schon 1732 hatte Friedrich Wilhelm I., der Soldatenkönig, den Plan gefasst, dieses Viertel bauen zu lassen. In Amsterdam warb er Künstler und Handwerker wie Jan Bouman an, da sie über reiche Erfahrungen verfügten, was den Häuserbau auf sumpfigem Gelände betraf. Er versprach ihnen zahlreiche Vergünstigungen wie Religionsfreiheit und bot ihnen sogar möblierte Häuser als Geschenk an, um sie nach Potsdam zu locken. 1737 begann man mit dem Bau des Viertels. Neben Jan Bouman als Baumeister waren die beiden Festungsbauingenieure Pierre de Gayette (1683–1747) und Andreas Berger (1698–1742) maßgeblich beteiligt. Nach fünf Jahren Bauzeit waren 1742 alle vier Quartiere fertig. Das erlebte der Soldatenkönig, der 1740 starb, allerdings nicht mehr. Die Ausrichtung der Häuser, die an Soldaten in Reih und Glied erinnern, wird ihm mitunter zum Vorwurf gemacht.

Zwei Häusertypen sind anhand der Dachformen und Grundrisse zu unterscheiden: das fünfachsige Traufenhaus und das dreiachsige Giebelhaus. Die Mittel- und Eckhäuser sind durch prachtvoll geschnitzte und farbig gefasste Portaldekorationen hervorgehoben. Die Bewohner des Holländischen Viertels waren von Beginn an und durch die Jahrhunderte hinweg fast ausschließlich Handwerker, Künstler und Gewerbetreibende. In der zweiten Hälfte des 18. Jahrhunderts quartierte Friedrich II. hier immer mehr Künstler ein, die er zum Ausbau seiner barocken Residenzstadt brauchte.

Jan Bouman
1706–1776, Architekt. Als Sohn eines Zimmerers in Amsterdam geboren und zum Zimmerer ausgebildet, wurde Bouman 1732 nach Potsdam gerufen, um hier das Holländische Viertel zu errichten. Unter Friedrich II. erhielt er zahlreiche weitere Aufträge. Das Alte Rathaus und die Friedrichskirche in Babelsberg sind Bauten Boumans. Zudem hatte er für viele Knobelsdorffbauten die Bauleitung und -aufsicht inne, z. B. für die Französische Kirche in Potsdam. Wegen der nicht funktionierenden Fontänenanlage in Sanssouci fiel Bouman 1753 in Ungnade und wurde nach Berlin geschickt, wo er u. a. das Prinz-Heinrich-Palais (heute das Hauptgebäude der Berliner Humboldt Universität) und die Hedwigskathedrale erbaute.

Während des Zweiten Weltkrieges blieb das Holländische Viertel weitgehend unbeschädigt, allerdings verfielen die Häuser nach 1945 immer mehr. In den 1980er Jahren engagierten sich viele Potsdamer Bürger privat, um den Verfall aufzuhalten und die historische Bausubstanz zu retten.

Heute erstrahlt das Holländische Viertel wieder in altem Glanz, die Häuser sind fachgerecht und nach denkmalpflegerischen Kriterien restauriert. In Annäherung an das 18. Jahrhundert wurden die Straßen mit Feldsteinen und Klinkern gepflastert, zudem wurden Laternen nach holländischem Vorbild aufgestellt.

Noch immer sind im Holländischen Viertel vor allem Kunsthandwerker und Künstler ansässig, es gibt kleine gemütliche Cafés und Restaurants, Galerien und jede Menge anspruchsvolle Läden. Im Bouman Haus, einem glanzvoll restaurierten Giebelhaus in der Mittelstraße 8 mit Hof, Fachwerkhofgebäude und Hofgarten, gibt es eine Ausstellung zur Geschichte des Holländischen Viertels.

Jedes Jahr im April wird das Tulpenfest gefeiert, im September gibt es einen großen Töpfermarkt, und im Dezember findet hier ein holländischer Weihnachtsmarkt mit Sinterklaas statt.

Rechts: St. Peter und Paul
Unten: Restaurant »Zum Fliegenden Holländer«

21 | St. Peter und Paul

Mo–Sa 10–18 Uhr, So 12–16 Uhr

Verlässt man das Holländische Viertel in Richtung Süden, gelangt man zum Bassinplatz, dem größten Platz in Potsdam. Das ehemals sumpfige Gebiet wurde 1737/39 auf Anweisung von Friedrich Wilhelm I. trockengelegt, um es nutzbar zu machen. Das Bassin wurde wegen seiner geschweiften Form im Volksmund »Rokoko-Bratenschüssel« genannt. Das darin gesammelte Wasser sollte über einen Kanal in den Heiligen See abgeleitet werden. In der Mitte des Bassins entstand eine kleine Insel, auf der der Architekt Jan Bouman einen barocken Pavillon – die sogenannte Gloriette – errichtete. Mit einem kleinen Boot konnte man übersetzen. Da das Bassin immer wieder verschlammte, wurde es schließlich 1876 endgültig zugeschüttet.

Die mächtige katholische Kirche St. Peter und Paul wurde 1867/70 errichtet. Sie ist ein Nachfolgebau der 1738 errichteten Alten Katholischen Kirche auf dem Gelände der damaligen Gewehrfabrik für die katholischen Soldaten und die Zivilgemeinde. Daher finden sich in ihr auch ältere Ausstattungsstücke. Die Kirche St. Peter und Paul ist das bedeutendste Werk des Schinkel-Schülers Wilhelm Salzenberg, am Entwurf war auch August Stüler beteiligt. Salzenberg hatte sich auf Reisen nach Italien und Konstantinopel viel mit byzantinischer Bauweise beschäftigt. Architektonisches Vorbild für den über einem griechischen Kreuz errichteten Zentralbau war die Hagia Sophia. Der fast 63 Meter hohe Glockenturm ist vom Campanile San Zeno in Verona inspiriert. Die bemalte Holzbalkendecke verleiht dem Innenraum eine warme Ausstrahlung. Hoch oben in den Ecknischen sind Skulpturen der Evangelisten zu sehen. Die strahlende byzantinisierende Apsismalerei des deutschen Kunstmalers Paul Stankiewicz stammt aus der Erbauungszeit der Kirche. Bemerkenswert sind die drei Gemälde des französischen Bildnis- und Historienmalers Antoine Pesne: das Hochaltarbild »Todesangst Christi« und die beiden Bilder der Nebenaltäre mit der Rosenkranzübergabe und dem Schutzengel sowie die Holzskulptur »Maria Magdalena unter dem Kreuz« von Johann Peter Benkert.

Antoine Pesne

1683–1757, Maler. Pesne war einer der bedeutendsten Künstler des friderizianischen Rokoko und neben Antoine Watteau und Nicolas Lancret einer der wichtigsten Maler des französischen Rokoko. In Paris geboren, studierte er vor allem in Italien die Malerei. Friedrich I. berief ihn als Hofmaler nach Preußen. Ab 1722 war Pesne Direktor der Berliner Kunstakademie. 1736–1740 wirkte er am Rheinsberger Hof des Kronprinzen Friedrich, wo er zahlreiche Porträts und einige Deckenfresken malte, außerdem begann in dieser Zeit seine produktive Freundschaft mit Knobelsdorff. Mit ihm arbeitete er in den 1740er Jahren an der Ausgestaltung der Schlösser Rheinsberg, Charlottenburg, Sanssouci und des Potsdamer Stadtschlosses.

22 | Nikolaikirche

Besichtigung und Aufstieg zur Kuppel
Mo—Sa 10—18 Uhr, So ab 11.30 Uhr

Potsdam im Zweiten Weltkrieg
Kurz vor Ende des Zweiten Weltkriegs wurde Potsdam am 14. April 1945 durch einen alliierten Bombenangriff stark beschädigt. Hauptbahnhof, Stadtschloss, Langer Stall und Garnisonkirche brannten vollkommen aus. Weitgehend erhalten blieben dagegen das Gebiet um den Neuen Markt, das Holländische Viertel und die nördlichen Teile der Altstadt. Bei den Kämpfen der letzten Kriegstage wurden weitere Gebäude beschädigt, darunter das Alte Rathaus und die Nikolaikirche. Am 27. April 1945 wurde Potsdam durch die Rote Armee eingenommen.

Folgt man der Straße Am Bassin in südlicher Richtung, so kommt man über den Platz der Einheit zum Alten Markt, an dem die Nikolaikirche steht. Sie entstand nach Entwürfen von **Karl Friedrich Schinkel**, der sich offensichtlich vom Pariser Pantheon und der Londoner St.-Pauls-Kathedrale inspirieren ließ. Die Aufsicht bei den Bauarbeiten hatte ab 1830 Ludwig Persius inne. In der Planungs- und Entwurfsphase gab es immer wieder zermürbende Diskussionen mit König Friedrich Wilhelm III. und dem Kronprinzen um die Ausführung, vor allem um die Dachgestaltung. Der König wünschte ursprünglich eine doppeltürmige Basilika, der Kronprinz und Schinkel hingegen wollten einen Kuppelbau. Der Architekt verhinderte mit Mühe die beiden Türme und setzte ein Giebeldreieck mit vorgelagertem Portikus durch. Für die Kuppel gab es jedoch kein Geld, daher wurde die Kirche 1837 mit einem flachen Satteldach eingeweiht, eine Variante, die Schinkel bewusst gewählt hatte, konnte man doch auf das Satteldach jederzeit ein anderes Dach aufsetzen. Ärgerlich für den Architekten und den König war die schlechte Akustik des Kircheninnenraumes, was der König bei der Einweihungsfeier lautstark kommentierte, indem er von einer Dorfkirche sprach. Ab 1843, drei Jahre nach dem Regierungsantritt von Friedrich Wilhelm IV. und zwei Jahre nach Schinkels Tod, wurden die vier Eck-türme angefügt.

Auch die Nikolaikirche wurde in der Bombennacht vom 14. April 1945 schwer beschädigt. Große Partien der Wandgemälde, die Farbverglasungen, das kostbare Ge-stühl und die Orgel gingen verloren. Allerdings wurde die Kirche nach 1945 Schritt für Schritt wieder aufgebaut. Bei der Nachkriegsrestaurierung verzichtete man auf die Ausmalung der Kuppel, die Innenausstattung fällt heute eher nüchtern aus. Die Altarfresken und die Medaillons unter der Kuppel stammen aus den 1970er Jahren.

Im Jahr 2009 wurde die Kuppel nach aufwendiger Sa-nierung wieder freigegeben. Nach 216 Stufen bis zum Kolonnadenumgang in 50 Metern Höhe hat man eine be-eindruckende Aussicht in alle Himmelsrichtungen.

Karl Friedrich Schinkel
1781–1841, bedeutendster Architekt des Klassizismus in Deutschland. Nachdem Schinkel zunächst vorran-gig als Maler sowie Büh-nen- und Innendekorateur gearbeitet hatte (Bühnen-bild für die Mozartoper »Die Zauberflöte«), trat er 1810 auf Empfehlung von Wilhelm von Humboldt in den Dienst des staatlichen Bauwesens und wurde 1830 zum Landesbau-direktor ernannt. Die Neue Wache (1816), das Schauspielhaus (1818), das Alte Museum (1822) und die Friedrichwerdersche Kirche (1824) sind wichtige Schinkelbauten in Berlin, die dem Stadtzentrum rund um die Prachtstra-ße Unter den Linden ihren klassizistischen Charakter verleihen. In Potsdam und Umgebung errichtete Schinkel u. a. Schloss Glienicke, Schloss Charlottenhof und Schloss Babelsberg.

23 | Altes Rathaus

Potsdam Museum – Forum für Kunst und Geschichte
Di, Mi, Fr 10–17 Uhr, Do 10–19 Uhr, Sa/So 10–18 Uhr

Potsdamer Konferenz

Vom 17. Juli bis zum 2. August 1945 tagten die drei Hauptalliierten des Zweiten Weltkriegs – die Sowjetunion, Großbritannien und die USA – im Schloss Cecilienhof bei Potsdam, um über die europäische Nachkriegsordnung zu beraten. Im Ergebnis des »Potsdamer Abkommens« wurde Deutschland in vier Zonen aufgeteilt, zugleich wurde die Vertreibung von Millionen Deutschen aus dem Osten und Südosten beschlossen. Die Konferenz von Potsdam markiert das Ende des Zweiten Weltkrieges in Europa und den Anfang des Kalten Krieges. Das Scheitern einer gemeinsamen Besatzungspolitik führte zu der über 40 Jahre anhaltenden Teilung Deutschlands.

Das Alte Rathaus wurde 1753/55 durch die Baumeister Jan Bouman und Christian Ludwig Hildebrandt errichtet. Friedrich II. wollte hier anstelle eines alten Fachwerk-Rathauses einen repräsentativen Bau errichten, der dem Charakter des Platzes besser entsprach. Auf dem Rathausturm, der übrigens bis 1875 als Stadtgefängnis genutzt wurde, glänzt weithin sichtbar eine vergoldete Figur: Atlas, der die Weltkugel auf seinen Schultern trägt. In den 1960er Jahren wurde das Alte Rathaus durch einen Neubau mit dem barocken Knobelsdorffhaus, einem bürgerlichen Wohnhaus, verbunden.

Zu DDR-Zeiten wurde das Alte Rathaus vor allem als Kulturhaus für Veranstaltungen und Ausstellungen genutzt. Seit 2012 beherbergt das Alte Rathaus das Potsdam Museum – Forum für Kunst und Geschichte. In der ständigen Ausstellung »Potsdam. Eine Stadt macht Geschichte«, die themenorientiert und nicht streng chronologisch aufgebaut ist, vermitteln rund 500 Objekte sowie mehrere Medienstationen einen lebendigen Eindruck der 1000-jährigen Stadtgeschichte. Spannend inszenierte und überregional beachtete Sonderausstellungen aus den Bereichen Kunst, Kultur und Stadtgeschichte ergänzen das Museumsprogramm.

24 | Alter Markt

Tourist Information
Mo–Sa 9.30–18.30 Uhr, So 9.30–15 Uhr

Früher wurde der Platz durch die Nikolaikirche, das Alte Rathaus, das Knobelsdorffhaus und den Palazzo Barberini, prächtige Bürgerhäuser und den durch Knobelsdorff erschaffenen Obelisken in der Mitte geprägt. Große Teile des Alten Marktes wurden beim Bombenangriff vom 14. April 1945 zerstört. Während man die Nikolaikirche wieder aufbaute, wurde die Schlossruine 1960 aus ideologischen Gründen vollständig beseitigt. 2008/09 wurden am Alten Markt archäologische Grabungen durchgeführt, um Spuren der frühen Stadtgeschichte zu sichern. Die ältesten Funde sind rund 12 000 Jahre alt und zeugen davon, dass Jäger und Fischer am Ufer der Havel gelebt haben, lange bevor es hier erste Siedlungen gab.

25 | Museum Barberini

Mi–Mo 10–19 Uhr, 1. Do im Monat 10–21 Uhr

Hasso Plattner
Geb. 1944, Unternehmer.
Zu Beginn der 1970er Jah-
re begründete Hasso
Plattner das Software-
unternehmen SAP mit,
das sich zu einem der
weltweit bedeutendsten
Unternehmen seiner
Branche entwickelte. Seit
dem Rückzug aus dem
Tagesgeschäft von SAP
engagiert sich Plattner,
der als einer der reichsten
Deutschen gilt, vor allem
als Mäzen. Der Unterneh-
mer ist einer der wichtigsten Wissenschaftsförde-
rer in Deutschland. 1998
gründete er das Hasso-
Plattner-Institut für Soft-
waresystemtechnik an der
Potsdamer Universität.

In direkter Nachbarschaft zum Stadtschloss ließ Friedrich der Große 1771/72 ein herrschaftliches Bürgerhaus errichten, um den Alten Markt im Südosten repräsentativ abzuschließen. Der Architekt Carl von Gontard orientierte sich an dem barocken römischen Palazzo Barberini. Mitte des 19. Jahrhunderts erweiterten die namhaften Baumeister Friedrich August Stüler, Ludwig Persius und Ludwig Ferdinand Hesse das Palais im königlichen Auftrag um zwei rückseitige, zur Havel gerichtete Seitenflügel. Das repräsentative Wohnpalais war schon zu dieser Zeit auch ein beliebter kultureller Treffpunkt, in dem Vorträge, Konzerte und später Lichtspiele stattfanden.

Im April 1945 wurde das Palais Barberini schwer beschädigt und drei Jahre später abgerissen. Bis in die 1990er Jahre diente das freie Gelände als Parkplatz und Grünanlage. Im Zuge der Rekonstruktion des Stadtschlosses entschied man sich auch für einen Wiederaufbau des stadtbildprägenden Prachtbaus. Finanziert durch Spenden von **Hasso Plattner**, wurde das Palais Barberini 2013/16 weitgehend originalgetreu wiedererrichtet. Im Januar 2017 öffnete es als neues Kunstmuseum »Museum Barberini« seine Pforten. Neben der ständigen Kunstsammlung der Hasso-Plattner-Förderstiftung (Kunst der DDR und deutsche Kunst nach 1989) werden hochkarätige Sonderausstellungen, von den Alten Meistern bis hin zur zeitgenössischen Kunst, gezeigt.

Fortuna auf dem Fortunaportal

26 | Brandenburger Landtag

Dachterrasse, Innenhof, Knobelsdorff-Treppenhaus, Ausstellung und Cafeteria Mo–Fr 8–18 Uhr

Das ehemalige Stadtschloss erstreckte sich einst zwischen dem Alten Markt und dem Lustgarten an der Langen Brücke. Schon im 13. Jahrhundert gab es an dieser Stelle eine kleine Burganlage, die im Laufe der Jahrhunderte unter verschiedenen Brandenburger Kurfürsten zum Schloss ausgebaut wurde. 1660 wählte der Große Kurfürst Friedrich Wilhelm Potsdam neben Berlin zur Residenz und ließ an der Stelle des alten Bauwerkes zwischen 1662 und 1669 ein neues Schloss errichten.

Der dreigeschossige Hauptbau, der von drei belvedereartigen Turmaufbauten bekrönt wurde, war zum

Günther Jauch

Geb. 1956, Journalist. Günther Jauch ist vor allem
durch die Sendung »Wer
wird Millionär« erklärter
Publikumsliebling des
deutschen Fernsehens.
Zu Beginn seiner Karriere
war Jauch Sportmoderator
beim Bayerischen Rund-
funk, später moderierte er
u. a. das »aktuelle Sport-
studio« und »Stern tv«.
Seit 2000 hat Jauch eine
eigene Produktionsfirma.
2011–2015 moderierte
Jauch eine wöchentliche
Talksendung in der ARD.
Seit Beginn der 1990er
Jahre lebt Günther Jauch
mit seiner Familie am
Heiligen See in Potsdam.

Havelufer ausgerichtet. In nördlicher Richtung schlossen sich zweigeschossige Seitenflügel an, so dass ein großer Innenhof entstand. Die Seitenflügel waren zur Stadtseite hin durch einen Querbau mit einer Tordurchfahrt verbunden. Die gesamte Anlage war von einem Wassergraben umgeben. 1701 wurde das Ensemble durch das Fortunaportal geschlossen, das aus Anlass der Selbstkrönung Friedrichs III. zum König Friedrich I. in Preußen eingeweiht wurde.

Sein endgültiges Aussehen erhielt das Potsdamer Stadtschloss unter König Friedrich II. in den Jahren 1744–1751 unter Leitung des Architekten Georg Wenzeslaus von Knobelsdorff. Die Fassaden des Stadtschlosses wurden auf Wunsch von Friedrich II. in leuchtendem Karminrosa gestrichen, gegliedert durch korinthische Pilaster in Sandsteinweiß. Die prachtvolle Innenausstattung galt als eines der wichtigsten Werke des friderizianischen Rokoko.

Das Schloss konnte, wie später auch das Neue Palais in Sanssouci, während der Abwesenheit Friedrichs von Besuchern unter Aufsicht eines Kastellans besichtigt werden. Im 19. Jahrhundert wurde das Stadtschloss kaum noch von der königlichen Familie bewohnt, sondern nur noch für Repräsentationszwecke genutzt. Aus Respekt vor Friedrich II. und der Königin Luise blieben jedoch deren Wohnräume und die Prunkräume weitgehend unverändert erhalten. Nach dem Ende der Monarchie 1918 und der Auflösung des Hofes verlor das Stadtschloss seine Funktion. Es ging in Staatsbesitz über und wurde vom Arbeitsamt, von der Stadtverwaltung und vom Magistrat der Stadt Potsdam genutzt.

Nach dem Luftangriff in der »Nacht von Potsdam«, am 14. April 1945, brannte das Schloss aus. 1959/60 wurde es aus ideologischen Gründen gesprengt. Nach 1990 wurde der Wiederaufbau beschlossen. Durch eine großzügige Spende des in Potsdam lebenden Fernsehmoderators Günther Jauch und anderer Potsdamer Bürger wurde die Rekonstruktion des Fortunaportals nach historischem Vorbild ermöglicht. Als dann noch der Softwareunternehmer **Hasso Plattner** eine 20-Millionen-Euro-Spende für den Wiederaufbau des Schlosses in Aussicht stellte, allerdings unter der Bedingung, dass es beim Bau eine größtmögliche Annäherung an das Original geben sol-

Kartusche am Mittelrisalit
der Lustgartenfront

le, begann man mit den Arbeiten für den Neubau nach Plänen des Architekten Peter Kulka. Entscheidend war der 2005 gefasste Beschluss, dass das Gebäude künftig durch den Brandenburger Landtag genutzt werden sollte. Während daher das Innere des Bauwerks weitgehend modern gestaltet wurde, um den Bedürfnissen als Parlamentsgebäude mit Arbeitsplätzen für 150 Landtagsabgeordnete zu dienen – lediglich das Treppenhaus wurde nach dem originalen Entwurf von Georg Wenzeslaus von Knobelsdorff wiedererrichtet –, konnten bei der Rekonstruktion der Fassade zahlreiche Fragmente der Originalsubstanz, die von der Sprengung verschont geblieben waren, integriert werden. Bemerkenswert ist der Wiederaufbau der fast vollständig erhaltenen Marktfassaden des westlichen und östlichen Seitenflügels.

Kurbrandenburgisches Wappen in der Kartusche des Südwestpavillons

Nach fast zwanzigjährigen Planungen, die von zum Teil heftigen Kontroversen begleitet wurden, gingen die Bauarbeiten zügig von statten. Am 21. Januar 2014 wurde das »Neue Stadtschloss« mit einer parlamentarischen Feierstunde eröffnet. An der Westfassade des Neubaus ist der Schriftzug »Ceci n'est pas un château« angebracht, ein Bezug auf das Gemälde »La trahison des images« des belgischen Malers René Magritte, als Hinweis auf die neue Funktion des Bauwerks als Parlamentsgebäude.

Empfehlungen

Dampfmaschinenhaus

Am westlichen Ende der Breiten Straße steht direkt an der Neu-
städter Havelbucht das Dampfmaschinenhaus in Form einer
Moschee mit einem 36 Meter hohen Minarett, das den Schorn-
stein verbirgt. 1842 wurde es zur Versorgung der Fontänenanlage im Park Sanssouci gebaut. Die alte Dampfmaschine der Berliner Firma Borsig ist noch immer funktionstüchtig und wird bei
Besichtigungen vorgeführt.

Glienicker Brücke

Über die Glienicker Brücke, eine von zehn Verbindungen zwi-
schen der Insel Potsdam und dem Umland, gelangt man in den
Berliner Stadtbezirk Zehlendorf. Weltweit bekannt wurde die
Brücke durch mehrere Agentenaustauschaktionen zwischen
Ost und West zwischen 1962 und 1986. Von der Mitte der Brücke
hat man einen traumhaften Blick über die von Lenné gestaltete
Landschaftsanlage, die seit 1990 zum UNESCO-Welterbe ge-
hört.

Schloss Cecilienhof

Im Neuen Garten 11, 14469 Potsdam
Apr.–Okt.: Di–So 10–17.30 Uhr; Nov–März: Di–So 10–16.30 Uhr
Gelegen im nördlichen Teil des Neuen Gartens unweit vom
Jungfernsee, wurde das Schloss für Kronprinz Wilhelm, den
Sohn des letzten deutschen Kaisers Wilhelm II. und dessen
Gattin Cecilie, nach der es benannt ist, durch den Architekten
Schultze-Naumburg im englischen Landhausstil erbaut. Be-
rühmt wurde Cecilienhof als Tagungsort der Potsdamer Konfe-
renz (17. Juli – 2. August 1945), bei der Truman, Stalin und Chur-
chill das Potsdamer Abkommen unterzeichneten.

Belvedere Pfingstberg

Belvedere Apr.–Okt. 10–18 Uhr; März/Nov.: Sa/So 10–16 Uhr
Pomonatempel Ostern–Okt.: Sa/So 14–17 Uhr
Das Bauwerk nördlich des Neuen Gartens ist, obwohl es unvoll-
endet blieb, eines der schönsten von Potsdam. Nach dem Vorbild
italienischer Renaissancevillen wurden 1847 die beiden Türme
gebaut. Nach 1945 verfiel die Anlage zusehends. Engagierte Potsdamer und der Förderverein Pfingstberg in Potsdam e. V. sam-
melten Gelder für den Wiederaufbau des Schlosses, des Schinkel-
schen Pomonatempels und der Lennéschen Parkanlage.

Russische Kolonie Alexandrowka

Alexandrowka 2, 14469 Potsdam, Apr.–Okt.: Do–Di 10–18 Uhr

Das Ensemble von 13 Blockhäusern mit ornamentalen Giebeln und Fensterrahmen wurde 1826 auf Anweisung von Friedrich Wilhelm III. nach russischem Vorbild als Sängerkolonie gebaut. Peter Joseph Lenné entwarf das Alleensystem in Form eines Andreaskreuzes, in das die von großen Gärten umgebenen Gehöfte eingepasst sind.

Alte Meierei am Jungfernsee

Im Neuen Garten 10, 14469 Potsdam

An der nördlichen Spitze des Neuen Gartens am Jungfernsee entstand nach Plänen von Carl Gotthard Langhans 1790/92 die Alte Meierei zur Versorgung des Hofes. Nach 1918 wurde hier eine Ausflugsgaststätte eingerichtet. Da der Gebäudekomplex im Grenzgebiet der DDR zu Westberlin lag, war die Anlage ungenutzt und verfiel. Seit 2003 gibt es wieder einen Gaststättenbetrieb.

Gedenkstätte Leistikowstraße

Leistikowstraße 1, 14469 Potsdam, Di–So 14–18 Uhr

1916 vom Evangelisch-Kirchlichen Hilfsverein (EKH) errichtet, wurde das Haus nach der Potsdamer Konferenz 1945 wie alle anderen in diesem Teil der Nauener Vorstadt liegenden über 100 Gebäude von der sowjetischen Militäradministration in Deutschland (SMAD) requiriert und zum Sperrgebiet »Militärstädchen Nr. 7« umgewandelt. Bis zur Auflösung des sowjetischen Geheimdienstes KGB 1991 diente es der Spionageabwehr als zentrales Untersuchungsgefängnis. Seit 2012 informiert die Dauerausstellung »Sowjetisches Untersuchungsgefängnis Leistikowstraße Potsdam« über die Geschichte des Haftortes und das Schicksal der Häftlinge.

museum FLUXUS+

Schiffbauergasse 4f, 14467 Potsdam, Mi–So 13–18 Uhr

Fluxus ist eine moderne Kunstrichtung des 20. Jahrhunderts, bei der es nicht auf das Werk, sondern auf die schöpferische Idee ankommt. Die Dauerausstellung umfasst neben Kunstwerken und Installationen von Fluxus-Künstlern Fotos, Bücher, Korrespondenzen, Videos u.v.m., der Schwerpunkt der Sammlung liegt auf Arbeiten des Künstlers Wolf Vostell. Wechselausstellungen und Veranstaltungen ergänzen das Museumsangebot.

Potsdam an einem Tag. Ein Stadtrundgang

Herausgegeben von Mark Lehmstedt

Text: Kerstin Lehmstedt

Lektorat: Kristina Schulze / Lehmstedt Verlag

Karte: OpenStreetMap-Mitwirkende, geodressing.de

Fotos: Mareike Bardenhagen, außer: , SPSG Potsdam / Daniel Lindner (S. 16, 18), SPSG Potsdam / Roland Handrick (S. 17, 26), Alexander Savin (S. 24), Helge Mundt (S. 42), Verlagsarchiv

Gestaltung: Mareike Bardenhagen / Lehmstedt Verlag

Druck: druckhaus köthen GmbH & Co. KG, Köthen (Anhalt)

Umschlag:

1: Nikolaikirche

2: Schloss Sanssouci

3: Potsdam um 1850

4: Alter Markt mit Stadtschloss, 1772

5: Skulpturengruppe Ceres und Tripommus, Sanssouci

6: Quadriga am Kutschstall

© Lehmstedt Verlag, Leipzig

5. aktualisierte Auflage, 2019

ISBN 978-3-942473-06-4